Carl-Auer-Systeme

Was schiefgehen kann, geht schief

Murphys Gesetze
in der Wunderwelt der
Psychotherapie

Claus Blickhan

2000

Mit Illustrationen von Katrina Franke

Satz: Melanie Löw
Illustrationen: Katrina Franke
Umschlaggestaltung: WSP Design, Heidelberg
unter Verwendung eines Cartoons von Katrina Franke
Printed in Germany
Druck und Bindung: Kösel Druck, Kempten

Erste Auflage, 2000

Die Deutsche Bibliothek – CIP-Einheitsaufnahme

Ein Titeldatensatz für diese Publikation ist bei
Der Deutschen Bibliothek erhältlich.

Inhalt

Vorwort

Psychotherapie ist eine ernste Sache:
Zum einen für den Psychotherapeuten, zum anderen in weit größerem Ausmaß für den Patienten. Gerade der Therapeut, der sich dessen bewußt ist und nicht einem Omnipotenz-Wahn verfällt, benötigt einiges an Ressourcen, um die Höhen und Tiefen des Prozesses gesund zu durchstehen und dadurch dem Patienten zu seinen Ressourcen zu verhelfen.

Dazu braucht es:

- Mut, Dinge zu ändern,
  die man ändern kann,
- Demut, Dinge zu lassen,
  die man nicht ändern kann, und
- Weisheit, das eine vom
  anderen zu unterscheiden.

(nach Oetinger)

Eine gleichermaßen zentrale Ressource ist auch der Humor. Schon Freud schrieb ein Buch über den Witz. Das Ha-Handbuch von Trenkle lebt von einer Fülle von Beispielen aus den verschiedensten Schulen. Wer Bandler, Erickson, Farelly, Grinder, Haley, Jonas, Perls oder Watzlawick kennt, kennt auch ihren Humor. Humor hilft, den Mut sozialverträglich zu artikulieren, die Demut nicht als Opfertrip zu verpacken und die Weisheit nicht als Besserwisserei.

Wilhelm Busch beschreibt Humor mit dem Bild des Vogels, der angesichts des Katers erkennt, was nun mal nicht zu ändern ist, und trotzdem pfeift und zwitschert. Dieses Buch ist den Klienten und Kollegen gewidmet, die mit Humor darangehen, zu ändern, was zu ändern ist – nicht trotzdem, sondern gerade deshalb.

Sie dürfen gerne dabei pfeifen.

Einführung

Die historischen Gesetze der Psychotherapie

1. Der Therapeut hat immer recht.

(Erstes therapeutisches Grundgesetz)

2. Der Patient hat nie recht.

(Zweites therapeutisches Grundgesetz)

3. Wenn der
Patient doch recht
hat, gilt Satz 1.

(Der klassische therapeutische Dreisatz)

Die drei Gesetze der klassischen Begründung therapeutischen Handelns

1. Das haben wir schon immer so gemacht.

(Erstes allgemeines Beamtengesetz)

2. *Das haben wir noch nie so gemacht.*

(Satz von den Bedenkenträgern)

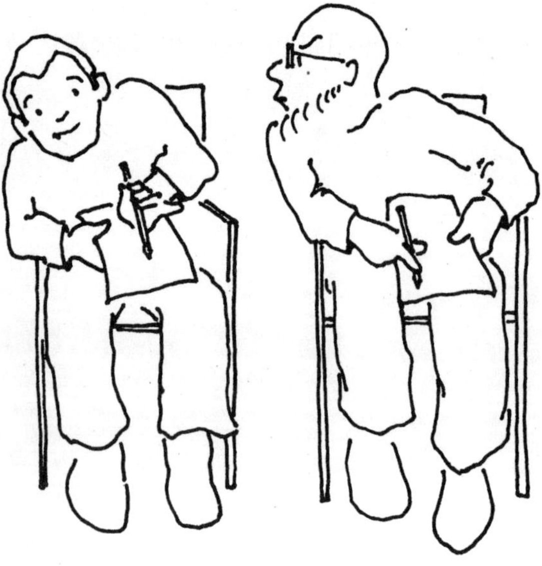

3. Da könnte ja jeder kommen!

(Regel der therapeutischen Ausgrenzung)

4. „Wo kämen wir denn da hin ?!“

(Marcos Variante)

1

„Was tun?“

sprach Hippokrates

...oder:

Die Gesetze der Indikation

Erstes Gesetz der Indikation

Je sicherer die Diagnose, desto höher die Wahrscheinlichkeit, daß ein Kollege einer anderen Psychotherapieschule besser helfen könnte.

Erste Umkehrung des ersten Gesetzes der Indikation:

Je unsicherer die Diagnose,
desto geringer die
Wahrscheinlichkeit,
daß überhaupt
ein Psychotherapeut
helfen kann.

Erste Ableitung der
ersten Umkehrung des
ersten Gesetzes der Indikation:

Je unsicherer die Diagnose, desto größer der Freiheitsgrad des Therapeuten, etwas Beliebiges zu tun.

Zweite Ableitung der
ersten Umkehrung des
ersten Gesetzes der Indikation:

*Je unsicherer
die Diagnose und je
ausufernder die Versuche,
irgendetwas zu tun,
desto größer die Sicherheit
des Psychotherapeuten, daß
irgend etwas helfen wird.*

(Erstes Behandlungsparadox)

Zweite Umkehrung des ersten Gesetzes der Indikation:

Je sicherer die Diagnose,
desto höher die
Wahrscheinlichkeit,
daß der Therapeut
trotzdem irgend etwas
Beliebiges tun wird.

(Zweites Behandlungsparadox)

Gesetz der überraschenden Effektivität

Manchmal hilft es <u>wirklich</u> (oder trotzdem).

(Drittes Behandlungsparadox)

Gesetz des Timing:

Je mehr Zeit zur
Verfügung steht,
desto weniger fällt dem
Patienten ein.

Ausnahmeregel:

Je mehr Zeit zur
Verfügung steht
und je mehr der Patient
hervorbringt,
desto irrelevanter ist es.

(Regel der selektiven Relevanz)

Umkehrung der
Ausnahmeregel:

*Je weniger Zeit zur
Verfügung steht
und je irrelevanter
die Beiträge des Patienten,
desto länger werden sie.*

Erste Umkehrung des
Gesetzes des Timing:

*Je weniger Zeit zur
Verfügung steht,
desto mehr Probleme
liefert der Patient.*

Zweite Umkehrung:

*Je mehr Zeit,
desto schwierigere
Probleme wird der
Patient anbieten.*

Jeder Patient
produziert so viele
Probleme,
wie der Therapeut zum
Arbeiten braucht.

(Gesetz der Abundanz
nach Dr. John Thomas)

Ergänzung:

Kein Patient
produziert so viele
Probleme,
wie der Therapeut zum
Leben braucht.

(Gesetz der quantitativen Insuffizienz)

Gesetz der
psychosomatischen
Wechselwirkung:

*Je deutlicher die
somatische Symptomatik,
desto wichtiger die
psychische Komponente.*

Erste Umkehrung:

*Je weniger ausgeprägt
die somatische
Symptomatik, desto
wichtiger die psychische
Komponente.*

Michels Generalisierung:

„Gleichgültig, ob
Somatik oder was,
die Psyche
ist immer wichtig."

Egons Kommentar:

„Wir heilen sie alle!“

(Satz der therapeutischen Omnipotenz)

Tobis Schlußfolgerung:

„Die haben sie wohl nicht alle!“

2

lieb + teuer

... oder

Die Gesetze der Finanzierung

(Stand BRD 1999)

Grundgesetz
der Finanzierung:

*Wenn der
Psychotherapeut ein
psychologisches Studium
als Basis hat, steigt die
Wahrscheinlichkeit,
daß die Krankenkasse
eine Kostenübernahme
ablehnen wird.*

Umkehrung des
Grundgesetzes:

Wenn der Psychotherapeut ein nichtpsychologisches Studium (z.B. Medizin) als Basis hat, steigt die Wahrscheinlichkeit, daß die Krankenkasse die Kosten übernimmt.

(Primat der
nichtpsychologischen Psychotherapie)

Erste Anwendungsregel:

*Je länger
die geplante Dauer,
desto lieber übernimmt
die Krankenkasse
die Kosten.*

Umkehrung der
ersten Anwendungsregel:

Wird Kurzzeittherapie geplant, sinkt die Wahrscheinlichkeit der Kostenübernahme durch die Krankenkasse.

Zweite Anwendungsregel:

Die Kostenübernahme
wird grundsätzlich kurz
vor dem Erfolg
der Therapie eingestellt.

Generelle Anwendungsregel:

Im Falle eines Falles
zahlt die
Kasse ohnehin nie.

Gesetz der
pekuniären Motivation:

Die Kosten der Therapie korrelieren mit der Motivation des behandelnden Psychotherapeuten und/oder des Patienten.

Theos Konkretisierung:

*„Je höher die Kosten,
desto größer
die Motivation
(fragt sich nur, wozu).“*

Erster Beweis:

Wenn der Patient
schon so viel zahlt,
will er auch was
davon haben.

Zweiter Beweis:

Wenn der Patient
wirklich etwas will,
ist er auch bereit,
dafür zu zahlen.

Gegenbeweis:

Wer zahlt, macht eh,
was er will.

Erste Ableitung des
Gesetzes der Motivation:

*Wenn die Kasse
die Kosten übernimmt,
sinkt die Motivation
des Patienten,
konstruktiv mitzuarbeiten.*

Zweite Ableitung:

Wenn die Kasse
die Kosten nicht übernimmt,
steigt die Motivation
des Patienten, die Therapie
abzubrechen.

(bekannt als „Motivationsumkehr")

Oles Ergänzung:

„Die meisten Patienten brechen eh ab."

3

Gesetze der therapeutischen Schwere

(Gravitation)

1. Je schwerer sich der Therapeut tut, desto eher denkt er, er arbeite.

(Gesetz der Schwere)

Erste Ergänzung:

Je mehr der
Therapeut schwitzt,
desto eher denkt er,
dass er arbeitet.

(Gesetz der Transpiration)

Zweite Ergänzung:

Je mehr Therapeut
und Patient schwitzen,
desto eher denken beide,
dass sie arbeiten.

(Gesetz der unbewußten Konspiration)

Bocksche Korrektur:

Je schwerer sich der
Therapeut tut,
desto größer die
Wahrscheinlichkeit,
daß er mit Übertragungen
oder Widerständen
kämpft und gerade
nicht arbeitet.

Gerds Ergänzung:

„Wenn er dabei doch arbeitet, dann auf jeden Fall gegen den Patienten."

Erste Umkehrung:

Je leichter sich
der Therapeut tut,
desto höher die
Wahrscheinlichkeit,
daß er
tatsächlich arbeitet.

Zweisteins Alternative:

Je leichter sich
der Therapeut tut,
desto höher die
Wahrscheinlichkeit,
daß der
Patient arbeitet.

Dreyers Alternative:

Je leichter sich
der Therapeut tut,
desto höher die
Wahrscheinlichkeit,
daß weder er noch
der Patient arbeiten.

Erstes Akzeptanzgesetz:

*Je leichter sich
der Therapeut tut,
desto höher die
Wahrscheinlichkeit,
daß weder er noch der
Patient dies als Arbeit
betrachten.*

Gesetz der Wirksamkeit:

*... aber desto höher
die Chance, daß die
Therapie wirkt.*

Zweites Gesetz der Akzeptanz
(bzw. erste Ableitung):

*Je leichter sich
der Therapeut tut,
desto eher werden weder
er noch der Patient
die Wirksamkeit
bemerken.*

Gesetz der dementierbaren Insuffizienz:

Wer sich schwer tut,
gibt es nicht zu.

Conclusio generale:

Wer sich leicht tut,
arbeitet entweder gut
oder gar nicht.

Generelle Umkehrung:

Alle diese Gesetze
über Schwere, Akzeptanz
und Wirkung gelten auch
für den Patienten.

4

Wer mit Wem?

... oder

Die Gesetze des therapeutischen Rapports

Gesetz des
dysfunktionalen Rapports:

*Patienten entwickeln
die stärkste Bindung
zu dem Therapeuten,
der ihnen am
wenigsten helfen kann.*

Beweis:

Sie fühlen
sich akzeptiert,
so, wie sie sind.

Erste Ableitung:

*Patienten entwickeln
die stärksten Vorbehalte
gegenüber den
Therapeuten, die ihnen am
ehesten helfen könnten.*

Beweis:

Sie spüren das Risiko,
daß sie sich
ändern könnten.

Erste Umkehrung:

*Therapeuten helfen
denjenigen Patienten
am wenigsten, zu denen
sie die positivste
Beziehung haben.*

Beweis:

Je erfolgloser die Therapie,
desto länger die Dauer.

Ergo:

Um einen langfristigen Kontakt zu gewährleisten, darf die Therapie nicht erfolgreich sein.

Erste Umkehrung der
ersten Ableitung:

Die Therapeuten entwickeln die geringste Bindung zu den Patienten, denen sie am wirksamsten helfen.

Beweis:

Je wirksamer die Therapie,
desto kürzer die Dauer,
desto geringer das Honorar,
desto geringer
die Wertschätzung,
desto geringer die Bindung.

5

Die Gesetze der therapeutischen Kommunikation

Gesetz zur Präzision der Fachterminologie

Je präziser sich der
Therapeut ausdrückt,
desto weniger
versteht der Patient,
was er meint.

Erste Umkehrung:

Je unspezifischer sich der
Therapeut ausdrückt, desto
eher glaubt der Patient,
er verstünde, was der
Therapeut meint.

(Erstes Miltonsches Gesetz)

Erste Ableitung

Je präziser
der Therapeut fragt,
desto weniger weiß
der Patient,
was er antworten soll.

Zweite Ableitung

Je präziser
der Therapeut fragt,
desto vager wird
der Patient antworten.

(Das Phänomen
der „Meta-Milton"-Interferenz)

Ableitung der
ersten Umkehrung:

*Je unspezifischer
der Therapeut fragt,
desto weniger weiß
der Patient,
was er antworten soll.*

Erste Konsequenz:

Also redet er
einfach drauf los –
in der Regel
irrelevantes Zeug.
Das nennt der Therapeut
„freie Assoziation".

(vgl. R. Bandler / J. Grinder:
Die Struktur der Magie.
Paderborn, 1978, S. 138–178)

Ableitung aus der
ersten Konsequenz:

Je irrelevanter die Beiträge des Patienten, desto hartnäckiger fragt der Therapeut nach.

Gesetz der
interrogativen Dominanz:

*Wer fragt,
der führt.*

Psychotherapeutische Ableitung des Gesetzes der interrogativen Dominanz

Wer fragt,
denkt, er führt.

Sonjas Kommentar:

„Na, wenigstens denkt er."

Carls Frage:

„Wer ist er?“

Metas Paradox:

Je mehr der Therapeut fragt,
desto weniger
antwortet der Patient.

Konrads Quantifizierung

Je länger die Fragen
des Therapeuten,
desto kürzer die Antworten
des Patienten.

Annemaries Beispiel:

„Frau Patientin, sagen Sie bitte mal, ist es nicht vielleicht so, daß, wenn Sie, sagen wir mal, so nachts oder so, dann an den Kühlschrank gehen, daß da so ein gewisses Gefühl oder auch so ein bestimmter Drang, daß Sie das so irgendwie gefühlsmäßig dann einfach dahin führt?"

Patientin: *„Ja, schon."*

Gonzales Variante:

*Je mehr der Therapeut fragt,
desto eher wechselt der
Patient den Therapeuten.*

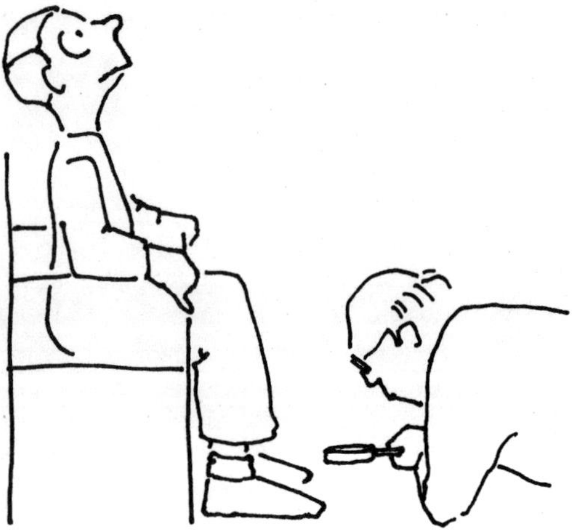

Gesetz der Verbalisierung emotionaler Inhalte:

Je geringer der Bezug des Patienten zu seinen Gefühlen, desto größer die Tendenz des Therapeuten, danach zu suchen.

Erste Ableitung:

Je geringer der Bezug des Patienten zu seinen Gefühlen, desto größer die Tendenz des Therapeuten, danach zu fragen.

Zweite Ableitung:

Je geringer der Bezug des Patienten zu seinen Gefühlen, desto größer die Tendenz des Therapeuten, welche zu finden und zu verbalisieren („spiegeln“).

(gesprächstherapeutische Variante)

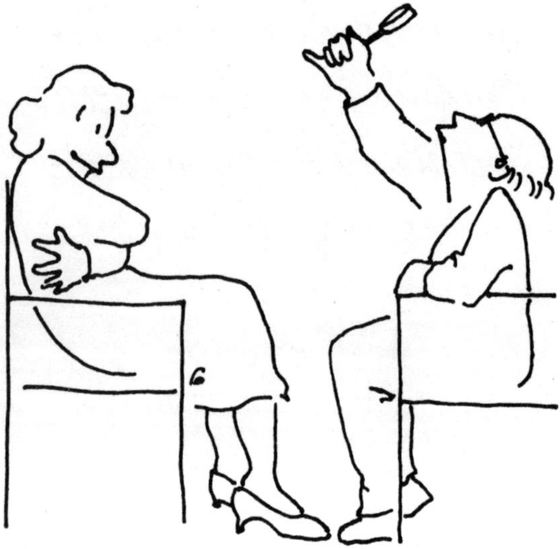

Psychoanalytische Variante:

Je stärker der Bezug des Patienten zu seinem Gefühl, desto größer die Tendenz des Therapeuten, ein anderes zu finden und zu deuten.

Dazu gehört die
folgende Akzeptanzregel:

*Je stärker der
Widerspruch des Patienten,
desto treffender ist
die Deutung.*

6

Die Gesetze der therapeutischen Übertragung

Erstes Übertragungsgesetz:

Der Patient sucht immer genau den Therapeuten auf, der das relevante Problem bei sich selber nicht kennt.

(Gesetz der negativen Gegenübertragung)

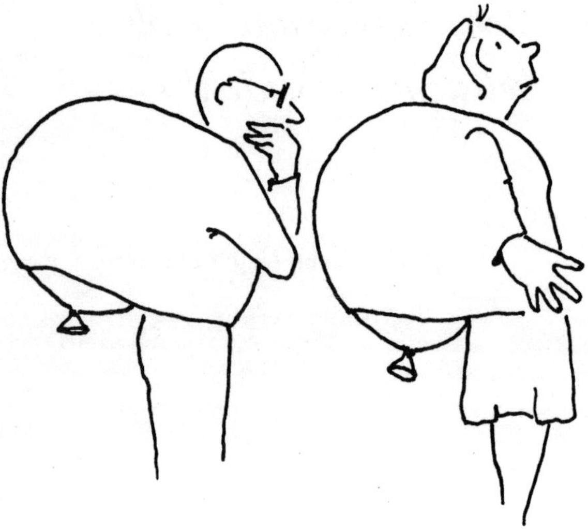

Erste Ableitung:

Wenn der Therapeut das Problem selber hat, ist es ihm wenigstens nicht bewußt.

(Gesetz der therapeutisch negierten negativen Gegenübertragung)

Erste Erweiterung:

Wenn der Therapeut
das Problem bei sich selber
doch kennt, hat er es aber
nicht lösen können.

(Therapeuten sind auch nur Menschen.)

Allgemeines Grundgesetz
der Übertragung:

Die relevanten Übertragungen sind dem Patienten grundsätzlich unbewußt.

Spezifisches Grundgesetz
der Übertragung:

Die relevanten Übertragungen sind dem Therapeuten völlig unbewußt.

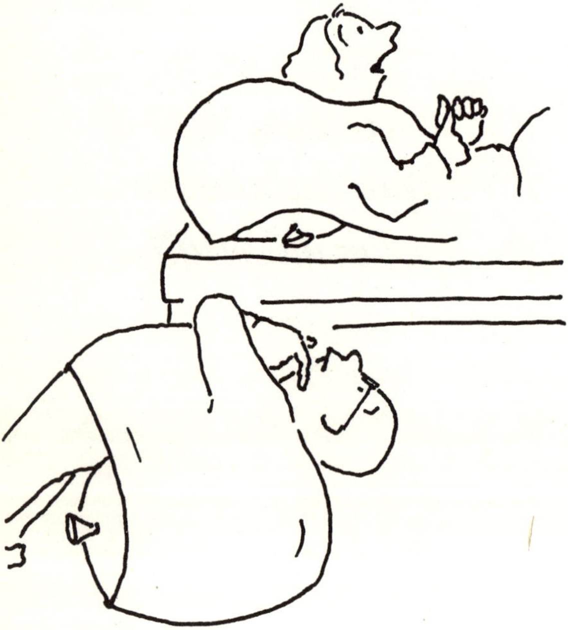

Erste Ableitung:

Je bewußter dem Therapeuten die Übertragung, desto geringer die (therapeutische und persönliche) Relevanz.

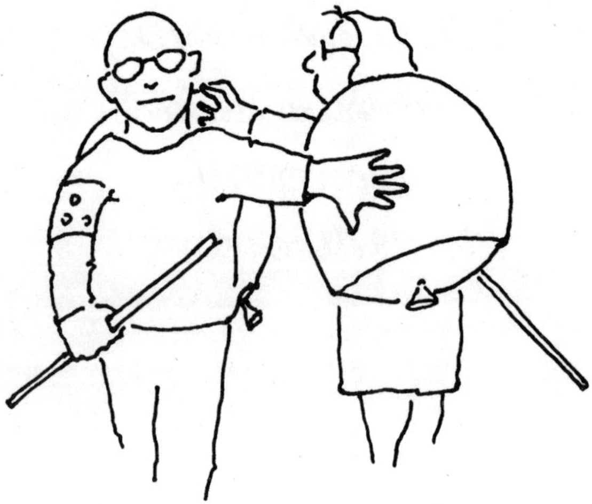

Zweite Ableitung:

Werden relevante Übertragungen dem Therapeuten (oder dem Patienten) bewußt, so werden sie nicht als Übertragung erkannt.

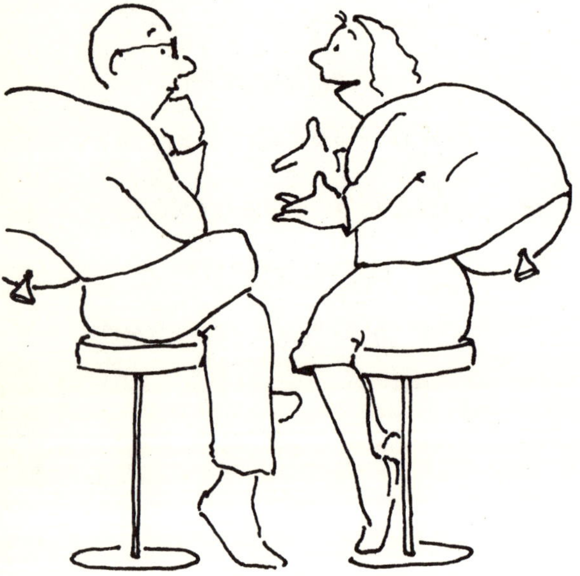

Dritte Ableitung:

Werden relevante Übertragungen tatsächlich als Übertragung erkannt, dann werden sie als irrelevant eingeschätzt.

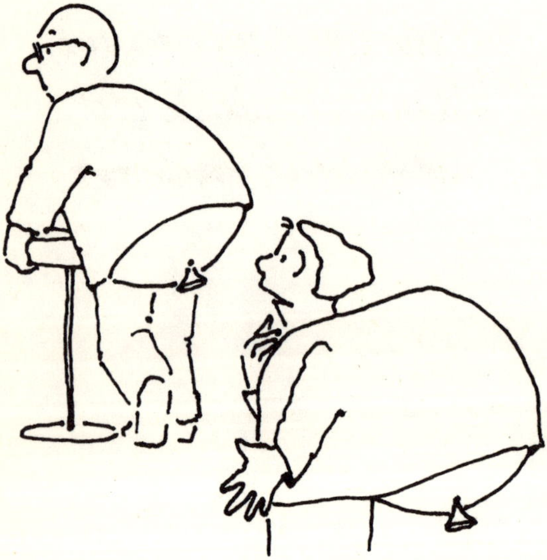

Erste Ergänzung:

Wenn der Patient relevante Übertragungen erkennt und tatsächlich als relevant einschätzt, ist das sein Problem.

Zweite Ergänzung:

Wenn der Therapeut
Übertragungen erkennt
und als relevant einschätzt,
ist es ebenfalls das
Problem des Patienten.

Ulis Kurzfassung:

*„Der Patient
ist selber schuld."*

7

Hilfe zur Selbsthilfe

... oder

Die Gesetze der Ressourcen

Gesetz der
reziproken Utilisierbarkeit:

*Der Patient hat
dann den besten Zugang
zu seinen Ressourcen,
wenn er sie
gerade nicht braucht.*

Umkehrung:

Je wichtiger
in einer spezifischen
Situation eine Ressource ist,
desto schwieriger wird der
Zugang zu ihr.

Gesetz der
Proportionalität:

*Je wichtiger ein Ziel,
desto schwieriger
ist der Zugang zu den
dafür notwendigen
Ressourcen.*

Quantitative Variante:

Je wichtiger ein Ziel,
desto mehr Ressourcen
sind zu seiner Erreichung
notwendig.

Erste Ableitung:

Je wichtiger ein Ziel,
desto mehr Ressourcen
sind notwendig,
die noch
dazu alle schwer
zu aktivieren sind.

Erste Erweiterung:

Je mehr Ziele angestrebt werden, desto mehr Ressourcen sind notwendig.

(Joes Kommentar:
„Banal, aber trotzdem wahr.")

Erste Umkehrung:

Je mehr Ressourcen
zur Verfügung stehen,
desto schwerer ist
ein Ziel zu finden,
für das man
sie brauchen könnte.

Zweite Erweiterung:

Je mehr Ziele
angestrebt werden und
je mehr Ressourcen dafür
notwendig sind,
um so schwieriger ist,
selbst wenn sie zur
Verfügung stehen, eine
hilfreiche Zuordnung.

(Gesetz des kontraproduktiven Chaos)

Umkehrung der
zweiten Erweiterung:

Je größer das (anscheinend kontraproduktive) Chaos und je zurückhaltender die Interventionen des Therapeuten, desto größer die Chance für eine Lösung.

(Implosion-Explosions-Theorie von Fritz)

Ergänzende Alternative:

Je größer das Chaos,
desto größer
der Aktionismus des
Therapeuten.

(Erfahrungswert aus der Praxis)

Umkehrung der Ergänzung:

Je größer der
Aktionismus des
Therapeuten,
desto größer das Chaos.

8

Zusammenfassung

Aus allen genannten Gesetzen folgt zwingend die Ableitung:

Das Chaos in der Psychotherapie wird durch den Therapeuten systematisch vergrößert.

Zum Autor

Claus Blickhan, Diplom-Psychologe und NLP-Trainer, ist seit über 30 Jahren im Dschungel der Psychotherapie und seinen Randgebieten unterwegs. Die Beobachtungen für Murphys Gesetze nimmt er aus seiner Arbeit in den Bereichen Training, Management und Therapie – es kann eben überall etwas schiefgehen!

Claus Blickhan hat u. a. als Co-Autor bei zwei Einführungsbüchern zum NLP mitgearbeitet. „NLP für Einsteiger" und „Denken, Fühlen, Leben" wurden seit ihrem Erscheinen bereits über 50 000mal verkauft.

Blickhan, C. & Ulsamer, B.:
NLP für Einsteiger
Speyer, GABAL, 1995 (7. Aufl.)

Blickhan, C. & Blickhan, D.:
Denken, Fühlen, Leben
Landsberg, mvg-Verlag, 1995 (5. Aufl.)

Bücher von Katrina Franke:
Adler haben keine Ahnung von Enten.
Therapie-Comics
Mannheim, 2. Auflage 2000

Ach so. Therapie-Comic Geschichten
Mannheim, 1998

Die Bücher von Katrina Franke sind zu beziehen über:
ID Agentur Franke, Lange Rötterstr. 68, 68167 Mannheim